Natural Rhythms

Natural Rhythms

Rob Plattel

Photography / Fotografie: Chris van Koeverden

stichting
kunstboek

Natural Rhythms

Gefascineerd zijn door de natuur. Oog hebben voor datgene wat de wereld te bieden heeft. Open staan voor meningen en visies van anderen. Aftasten wat de grenzen van het materiaal zijn. Alle zintuigen inzetten om tot de essentie van natuurlijke vormgeving te komen. Natuurlijke ritmes en structuren als onuitputtelijke inspiratiebron.

Gefascineerd raken door materialen die je zomaar voor de voeten worden geworpen. Materialen die op een onverwachte plek aanspoelen. Ze roepen vragen op. De groei van de planten in een natuurlijk ritme, het roept vragen op. Wat is het wezenlijke van een vorm, van een cirkel? Alweer een vraag.
Zoeken naar antwoorden, zoeken naar oplossingen, zoeken naar de meerwaarden, zonder weg te zweven van datgene waar het om gaat.
Vormgeven met de materialen die de natuur aanreikt aan diegene die ze ziet.

Rob is gefascineerd door de natuur. Materialen komen voor zijn voeten omdat hij ze ziet en wil doorgronden. In Natural Rhythms word je meegenomen in deze fascinaties. Het boek toont de bijzonderheid van de natuur doordat Rob ons er door zijn handen naar laat kijken.

Composities die iets met de toeschouwer doen, vragen oproepen of je meevoeren naar het verhaal achter de materialen. Sommige werken zijn anekdotisch, weer andere hebben een decoratief karakter. Elk beeld is ontstaan vanuit de dialoog die de maker met het materiaal heeft gevoerd.

Een rijkdom aan vormgeving met een aantal terugkerende elementen.
Een er van is de cirkel, oneindigheid. Een prachtig symbool voor iemand die steeds maar weer het wezenlijke uit de natuur weet te halen.

Coby van Otterdijk
Docent natuurlijke vormgeving
Helicon Opleidingen 's-Hertogenbosch

'Rhythms are the key to self knowledge and to knowledge of our surroundings. They put all life into a timely perspective.'

Eduard Ayensu & Philip Whitfeld

Natural Rhythms

Being fascinated by Nature. Having an eye for what the world has to offer. Being open for opinions and visions of others. Feeling out what the limits of the materials are. Deploying all senses to come to the essence of natural design. Natural rhythms and structures as an inexhaustible source of inspiration.

Getting fascinated by materials that are accidentally thrown in your face. Materials that are washed ashore on an unexpected place. They raise questions. The growth of plants in a natural rhythm makes you wonder. What is the substantiality of a form, of a circle? Another question.
Looking for answers, looking for solutions, looking for extra value, without drifting away from that what it is all about.
Designing with materials that nature offers to the one who sees.

Rob is fascinated by nature. Materials turn up because he sees them and wants to fathom them.
In Natural Rhythms you are carried along with these fascinations. This book shows the peculiarity of nature because Rob lets us watch it through his hands.

Compositions that touch the viewer, raise questions or take you along to the stories behind the materials. Some works are anecdotic, others have a decorative character. Each image originates from the dialogue between the maker and the material.

A wealth of design with some recurrent elements.
One of them is the circle, endlessness. A fantastic symbol for someone who manages to draw the essence out of Nature, again and again.

Coby van Otterdijk
Lecturer natural design
Helicon Opleidingen 's-Hertogenbosch

What does floral art mean for you?

For me, floral art is a way of expressing by means of vegetal materials. Playing with rich forms and colours of flowers and plants, discovering basic shapes, looking for colour contrasts and experimenting with roots, stems, leaves, flowers and fruits. In fact, I find floral art quite a difficult word. Today, it encloses various options. Art is autonomous. Floral art, on the other hand, is mostly decorating and embellishing. I would prefer to use the word nature-art for the course we are striking out on.

How would you describe your way of working with floral materials?

I am fascinated by nature, for flowers and plants. Everything in nature has a reason, is functional. When I am outdoors, I get the feeling that everything I see can not be different from what it is now. Every petal or flower has a definite shape and colour, grown from evolution and shaped by circumstance. At the same time, there is an abundant, wild, chaotic and organic creativity. This is an area of tension *an sich*. That is exactly what I would like to show. My work is the expression of the material itself and my contribution of processing. Half of it comes from myself and the other half comes from nature. Nature has an own identity, it dictates itself. That is precisely the difference with other forms of art. Amorphous materials, paint or clay for instance, enable you to do what you want yourself.
I am glad that nature holds the spotlight again, in interiors as well as regarding the environment ... I hope that my work can contribute to that too.

Which materials, colours are important for you? What is your favourite material? What is the ideal space to work in?

I do not have one specific favourite. I often like to work monotonously, one act, one material. An ideal way to do justice to the material's intrinsic characteristics. Showing ordinary, familiar materials in a different way.
I find many possibilities to work with flowers and plants. Sometimes I use them as a whole, but I also segment the material into new elements, which opens up new possibilities such as strewing petals or piling leaves.
Decoration and art are on bad terms with each other. For centuries flowers have been used to decorate. That is, of course, wonderful. But now it seems as if room is created to show nature-art on its own. I like seeing nature works autonomous in a room. Related to the surroundings, of course, but less decoration and more expression.

Wat betekent bloemsierkunst voor jou?

Bloemsierkunst is voor mij een manier om expressie te geven door middel van plantaardig materiaal. Spelen met de rijke vormen en kleuren van bloemen en planten, grondvormen ontdekken, kleurcontrasten zoeken en experimenteren met wortel, steel, blad, bloem en vrucht. Bloemsierkunst vind ik eigenlijk een wat moeilijk woord. Op dit moment omvat het meerdere richtingen. Kunst is autonoom. Bloemsierkunst daarentegen is meestal decoreren en sieren. Ik zou graag het woord natuur-kunst gebruiken voor de richting die ik, en vele collega's met mij, inslaan.

Hoe omschrijf je jouw manier van werken met floraal materiaal?

Ik ben gefascineerd door de natuur, voor bloemen en planten. Alles in de natuur heeft een reden, is functioneel. Als ik in de natuur ben, krijg ik het gevoel dat alles wat ik zie niet anders kan zijn dan wat het nu is. Elk blad of elke bloem heeft een precieze vorm en kleur, gegroeid uit evolutie en gevormd door omstandigheden. Tegelijk is er een overdadige, wilde, chaotische en organische creativiteit. Dit is een spanningsveld *an sich*. Precies dat wil ik graag laten zien. Mijn werk is de expressie van het materiaal zelf en mijn bijdrage van de verwerking. De helft komt van mezelf en de helft van de natuur. De natuur heeft een eigen identiteit, dicteert zelf. Dat is precies het verschil met andere kunstvormen. Met amorfe materialen, verf of klei bijvoorbeeld, kun je meer doen wat je zelf wil.
Ik ben blij dat de natuur weer in de focus staat, zowel in het interieur als in de aandacht voor het milieu ... Ik hoop dat mijn werk daar ook een bijdrage kan leveren.

Welke materialen, kleuren zijn voor jou van belang? Wat is je lievelingsmateriaal? Wat is de ideale ruimte om aan te pakken?

Een bepaald lievelingsmateriaal heb ik niet. Vaak werk ik graag monotoon, één handeling, één materiaal. Een ideale manier om de intrinsieke eigenschappen van het materiaal optimaal tot zijn recht te laten komen. Gewone, bekende materialen op een andere manier laten zien.
Ik vind vele mogelijkheden om met bloemen en planten te werken. Soms verwerk ik ze in hun geheel, soms segmenteer ik het materiaal tot nieuwe 'bouwstenen' wat nieuwe mogelijkheden bied zoals bijvoorbeeld strooien van bloemblaadjes of stapelen van bladeren.
Decoratie en kunst staan op gespannen voet met elkaar. Bloemen zijn door de eeuwen heen gebruikt om te decoreren. Dat is natuurlijk prachtig. Maar nu lijkt het of er ruimte is gekomen om de natuur-kunst op zichzelf te laten zien.

Rhythm is the central point in your work. Rhythm brings structure into our experience of time, but also implies change and growth. Where does this interest come from?

Maybe as a counterpart for the hectic flower world. Working with vegetal materials has an inherent speed because of the freshness and the relative short tenability. Reacting to that, I began with rhythmical, labour-intensive work. Rhythm is natural. There are seasons, there is day and night, bloom and decay. These continual changes hold a special rest. Rhythm is never static, it is always in process.

This 'natural work' steers a course between floristry and art. We find your work in the interior design world, at exhibitions. Is this a deliberate choice?

Aesthetics and presentations are appreciated and lead to more customers, also from outside the floral field. I just like it to be active in several areas.
My more lasting works are used in various interiors, business or private as well as public buildings, often in cooperation with interior designers in England, Belgium etc. Working with gardener's groups, too, to look for good, simple added value for their products and to give demonstrations for colleagues, is a challenge for me. By working in this broad manner I get in contact with cultivation, growth and processing plants and flowers in many different ways. Inspiration comes from the whole chain. An exciting world.

Graag zie ik natuurwerken autonoom in de ruimte. Natuurlijk gerelateerd aan de omgeving, maar minder decoratie en meer expressie.

Centraal in je werk staat *ritme*. Ritme brengt structuur in onze tijdsbeleving, maar impliceert ook verandering en groei. Vanwaar deze belangstelling?

Misschien wel als tegengewicht voor de hectiek in de bloemenwereld. Het werken met plantaardig materiaal heeft inherent een bepaalde snelheid door de versheid en de relatief korte houdbaarheid. Als reactie daarop ben ik begonnen met ritmisch, arbeidsintensief werk. Ritme is natuurlijk. Er zijn de seizoenen, er is dag en nacht, bloei en verval. Er ligt een bepaalde rust besloten in deze doorgaande veranderingen. Ritme is nooit statisch, is altijd in proces.

Dit 'natuurlijke werk' laveert op de grens tussen floraal en artistiek werk. We vinden je met dit werk ook terug in de interieurwereld, op exposities. Is dit een richting waarvoor je bewust kiest?

Esthetiek en presentaties worden gewaardeerd en leiden tot meerdere opdrachtgevers, ook buiten het florale vak. Ik vind het gewoon fijn om in verschillende richtingen werkzaam te zijn.

How do you proceed while making your creations? Which terms apply to your personal style?

Materials is the starting point. Each vegetal material seems to match well with one specific operation/process. The material 'tells' the manner of processing and at the same time the hands 'know'. For centuries on end we have been working according to traditional methods with various plant parts. I find it especially intriguing that certain techniques have practically remained unchanged. Plaiting, piling, threading ... I also work a lot with those old-fashioned methods. Fortunately, in 2006, the originality of these traditions is appreciated again.

How did you end up in this metier?

I have been fascinated by nature from childhood onwards. Every Sunday we took a walk in the open air. When I was a child, I made miniature gardens in a shoe box and was often enchanted by the little big world between grasses and planting. Later on I received a gardener's and florist's training in Vught (the Netherlands). There I got acquainted with the Master degree flower arrangement and I thought this was very intriguing. That was what I wanted to do ...

Is there an evolution in your work? Do you want to convey a message?

The basic material provided by nature is inexhaustible. The inspiration is endless. An endless number of ideas still finds broadening and deepening. The relationship between flowers and people is special. Especially for this book I invited several people to be on the photo with flowers. This interaction is terribly interesting and I hope to continue this course in the future. Flowers integrated in daily life.

You took part in national and international workshops, demonstrations, competitions. What does this mean for you? What is the most important that you can pass on while teaching?

The nicest part of workshops and master classes is the varied personal expression. Naturally you have to learn the basics first, the fixed basic techniques are important. This teaches you to make the right choices. However, while creating it is important to let go of what you learned and to go your own way. Building on what you are good at and turning this into a particular handwriting, your very own style. Experiments are important and give you more pleasure in your work.
The question raises: is this possible or obligatory? Flowers in or out of the water, on a string or not? If this is a conscious choice, then I think everything is possible. Working 'unnaturally' can be very natural for certain designers. I appreciate colleagues that stay faithful to their personal

Mijn meer houdbare werk wordt toegepast in verschillende interieurs, zowel zakelijk, privé als in openbare gebouwen, vaak in samenwerking met interieurarchitecten, o.a. in Engeland en België. Maar ook de samenwerking met kwekersgroepen om een goede eenvoudige meerwaarde voor hun product te zoeken en het geven van demonstraties voor vakgenoten zijn voor mij een uitdaging. Door op deze brede manier werkzaam te zijn sta ik op veel verschillende manieren in contact met teelt, groei en verwerking van planten en bloemen. Inspiratie vanuit de hele keten. Een boeiende wereld.

Hoe ga je te werk bij het maken van je creaties? Welke termen vallen als je je persoonlijke stijl zou beschrijven?

Materiaal is het uitgangspunt. Bij ieder plantaardig materiaal lijkt één bepaalde handeling/verwerking goed te passen. Het materiaal 'vertelt' de verwerkingswijze en tegelijkertijd 'weten' de handen. Al eeuwen lang werken wij ambachtelijk met allerlei plantendelen. Specifiek vind ik het intrigerend dat bepaalde technieken vrijwel onveranderd zijn gebleven. Vlechten, stapelen, rijgen ... Ook ik werk veel met deze ambachtelijke handelingen. Deze tradities worden anno 2006 gelukkig weer in hun oorspronkelijkheid gewaardeerd

Hoe ben je in dit vak terechtgekomen?

Mijn fascinatie voor de natuur heb ik als kind al meegekregen. Elke zondag trokken we de natuur in. In mijn jeugd maakte ik kleine tuintjes in een schoenendoos en was vaak betoverd door de kleine grote wereld tussen hoge grassen en beplanting. Later heb ik een hoveniers- en bloemistenopleiding gevolgd in Vught. Ik maakte er kennis met de Meesteropleiding bloemschikken en vond dit wel erg intrigerend. Dat wou ik ook wel doen ...

Zit er een evolutie in je werk? Wil je er een boodschap mee geven?

Het basismateriaal uit de natuur is onuitputtelijk. De inspiratie is dus eindeloos. Oneindig veel ideeën vinden nog steeds verbreding en verdieping. De relatie mensen-bloemen is een bijzondere. Speciaal voor dit boek heb ik verschillende mensen uitgenodigd om in relatie met bloemen op de foto te gaan. Deze interactie vind ik geweldig interessant en hoop in de toekomst meer in deze richting te gaan doen. Bloemen geïntegreerd in ons dagelijks leven.

Je neemt deel aan nationale en internationale workshops, demonstraties, wedstrijden. Wat betekent dit voor jou? Wat is het belangrijkste dat je bij het doceren aan anderen kan doorgeven?

Het leukste aan workshops en masterclasses is de gevarieerde persoonlijke expressie. Je moet natuurlijk eerst de basis

style, irrespective of preferences regarding taste. For me natural authenticity is important, challenged to find the technique that suits the material best.

Where do you find inspiration for your work? Who are your examples in floral art? And in the artistic world?

As I mentioned before, I am fascinated by nature, and this is still the source of inspiration. Maarten Baas, a Dutch designer, burnt wooden furniture and treated it afterwards. I think it is fantastic that he visualises and applies natural processes. Tord Boontje designs beautiful enchanting patterns of flowers, plants and animals. Both designers are very much appreciated by the world of design and interiors and break out of the sterile, clean design that has held our country so firmly in its grasp for a long time. I admire Gregor Lersch for his natural quality and I have endless respect for Andy Goldsworthy because of his intense connection with nature. All colleagues whom you work closely with, teach you something.

Your work at the House of Plants, an innovative pavilion on the yearly Hortifair Amsterdam shows that you are constantly looking for renewal, for giving meaning to the profession. Is this a real quest?

In the case of flowers and plants, renewal takes a long time. Years pass before plant material is developed and mar-

leren, de vaste basistechnieken zijn belangrijk. Het leert je de juiste keuzes te maken. Maar bij het creëren is het belangrijk om wat je geleerd hebt weer los te kunnen laten en je eigen weg te gaan. Wat je goed kunt, verder uitbouwen en tot een bepaald handschrift, je eigen stijl maken. Experimenteren is belangrijk en draagt bij tot meer plezier in je werk.

De vraag wordt vaak gesteld: mag of moet dit zo? Bloemen wel of niet in water, op draad, of net niet? Als het een bewuste keuze is, vind ikzelf dat vrijwel alles 'kan'. 'Onnatuurlijk' werken kan heel natuurlijk zijn voor een bepaalde ontwerper-designer. Ik heb waardering voor vakgenoten die trouw zijn aan de eigen persoonlijke stijl ongeacht smaakvoorkeur. Voor mijzelf is natuurlijke authenticiteit belangrijk waarbij het een uitdaging is de techniek te vinden die het best bij het materiaal past.

Waaruit haal je de meeste inspiratie voor je werk? Wie zijn jouw voorbeelden in de bloemsierkunst? In de artistieke wereld?

Zoals eerder vermeld ben ik gefascineerd door de natuur en is dit nog altijd de bron van inspiratie. Maarten Baas, een Hollandse designer, heeft houten meubels verbrand en ze daarna behandeld. Ik vind het fantastisch dat hij natuurlijke processen zichtbaar maakt en toepast. Tord Boontje ontwerpt prachtige feeërieke patronen van bloemen, planten en dieren. Beiden vinden op dit moment grote waardering in de design- en interieurwereld en doorbreken het steriele, gladde design dat ons lang in z'n greep heeft gehouden.

keted. What I find interesting, is broadening the ways in which the materials are used and offering a fresh vision. In the recent Growing Concepts – House of Flowers & Plants, the leading platform for innovation during the International Hortifair, I have focussed on the subterranean. Having roots, feeling grounded and being at home are the first necessities of the lives of plants as well as people. A live topic in these times of globalisation. Everyone seems to be looking for their own paradise. In interiors we have the influence to create our own idealised private little paradise. There, flowers and plants are vital.

Which message do you deliver in this book?

I think it is important to pay paramount attention to the essential, the natural; re-connecting with a natural state of being. The mirroring, obvious beauty of flower and plant.

Do you have other dreams you wish to see fulfilled?

I keep on striving for *the* perfect work. That is impossible, to be sure, and I am ok with that, but still ... Creating brings satisfaction. I can not improve Nature, but I can still try. And in the mean time I can enjoy nature and all her richness in materials. I hope to share this world with you in this book. Welcome.

Gregor Lersch bewonder ik om zijn natuurlijkheid en Andy Goldsworthy respecteer ik mateloos voor zijn intense connectie met de natuur. En van alle collega's, waar je een goede samenwerking mee hebt, leer je ook altijd weer iets.

Je activiteit bij 'House of Plants', een innoverend paviljoen op de jaarlijkse Hortifair Amsterdam, toont aan dat je constant op zoek bent naar vernieuwing, naar nieuwe zingeving van het vak. Is dit een echte queeste?

Vernieuwing bij bloemen en planten is een kwestie van een lange adem. Er gaan jaren overheen voor nieuw plantmateriaal ontwikkeld en op de markt is. Wat ik interessant vind is een verbreding van de toepassingen met het materiaal en een verfrissende kijk bieden.
Zo heb ik in de afgelopen Growing Concepts – House of Flowers & Plants, het toonaangevende innovatieplatform tijdens de Internationale Hortifair, de focus op het ondergrondse gelegd. Wortels hebben, je geaard voelen en thuis zijn op je plek zijn de eerste levensbehoeften van zowel plant als mens. Een actueel onderwerp in deze tijd van globalisering. Iedereen lijkt op zoek te zijn naar zijn eigen paradijs. In het interieur hebben we invloed om ons eigen geïdealiseerde privé-paradijsje te creëren. Bloemen en planten zijn daarbij onmisbaar.

Welke boodschap breng je met dit boek?

Ik vind het belangrijk om het wezenlijke, het natuurlijke onder de aandacht te brengen; weer contact maken met een natuurlijke staat van zijn. De spiegelende, vanzelfsprekende schoonheid van bloem en plant.

Heb je nog verdere dromen die je vervuld wil zien?

Ik blijf streven om hét perfecte werk te maken. Dat is weliswaar onmogelijk en dat is ook o.k. zo, maar toch ... Het creëren brengt de voldoening. De Natuur verbeteren kan ik niet, maar ik kan wel blijven proberen. En intussen genieten van de natuur en al haar materialenrijkdom. Ik hoop in dit boek mijn wereld met jullie te delen. Hartelijk welkom.

Root

A flower, a plant, is so much more than what we see
with the naked eye. When we are looking for renewal,
we are looking further. We want depth, authenticity
and then you arrive at the subterranean part of the plant.
The roots are the fundament, the much ignored base,
the subconscious. Roots grow slowly, but steadily.
They have an enormous power and are even able
to split stone. They are obstinate, have fanciful forms
and always find their way.

'Deep in their roots, all flowers keep the light.'

Theodore Roethke

'But what can stay hidden? Love's secret
is always lifting its head out from under
the covers. "Here I am!"'

Rumi

'For a tree to become tall
it must grow tough roots
among the rocks.'

Friedrich Nietzsche

Structure

Nature is something wonderful. You see a rich many-coloured abundance of a chaotic expansion of colours and forms. And still, everything revolves around a well-defined structure in which many processes of growth, bloom and dying take place. Natural materials almost always have a rhythmical structure, as in the composition of a plant, the tree rings in the wood or the successively unfolding petals. I love structures. I use existing structures, but I also create them myself.

'*Success in any endeavour requires single-minded attention to detail and total concentration.*'

Willie Sutton

'One cannot help but be in awe
when he contemplates the mysteries of eternity,
of life, of the marvellous structure of reality.'
Albert Einstein

'Just living is not enough,'
said the butterfly.
'One must have sunshine,
freedom and a little flower.'

Hans Christian Anderson

'It is the soul not the eyes that sees.'

John Ruskin

'Beauty is a form of genius — is higher, indeed, than genius, as it needs no explanation. It is of the great facts in the world like sunlight, or springtime, or the reflection in dark water of that silver shell we call the moon.'

Oscar Wilde

Leaf

In between the roots – the foundation –
and the flower – the completion – we find
the robe of the plant, the leaf. Leaves are
splendid materials to process in arrangements.
Their two-dimensional structure is an explicit
characteristic. Leaves are intriguing by their
structure, the nervation, the layering.

'Autumn is a second spring
when every leaf is a flower.'

Albert Camus

'We lose ourselves in a pile of leaves or its memory. We listen and breezes from a whole other world begin to whisper.'

James Carroll

'October gave a party;
The leaves by hundreds came —
The Chestnuts, Oaks, and Maples,
And leaves of every name.
The Sunshine spread a carpet,
And everything was grand,
Miss Weather led the dancing,
Professor Wind the band.'

George Cooper

Flower

The flower is the defeat of vegetative nature.

Flowers are perfect, they are the crowning glory

of the vegetable kingdom, the jewels of nature.

They invite. With their colour and their forms.

Their scent lures you. They make you happy.

All over the world flowers freshen up interiors,

women adorn their hair with flowers and ceremonies

and feasts are accompanied by wreaths and garlands.

'I am following nature
without being able to grasp her ...
I perhaps owe having become
a painter to flowers.'

Claude Monet

Seed fruit Harvest

Every seed is pure potency, a unique capsule of life
that contains the blueprint for the whole plant,
a nerve in every cell, pre-programmed petal and root,
waiting for germination and growth to develop itself
completely. Fruit, the result of pollination. The gift of
maturity. Harvest is gathering ripened crops, ready
to be picked, to be eaten, to create, to be enjoyed ...

'Flowers leave
some of their fragrance
in the hand that
bestows them.'

Chinese proverb

Late afternoon
Tying fruits into a string
fragrance

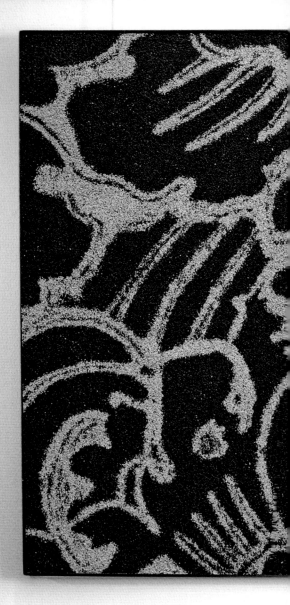

'To see things in the seed,
that is genius.'

Lao Tzu

'Imagination is the true magic carpet.'

Norman Vincent Peale

'Happiness held is the seed,
happiness shared is the flower.'
Anonymous

Orchid roots

Oncidium 'Hawaiian sunset' – Cambria 'Nely Isler' – Cambria 'Wild Cat Bloodshot' – Zygopetalum cinitum hybride – Miltonia 'Suzan Bourganov' – Cymbidium

Solanum tuberosum 'Vitelotte noir' – Solanum rantonetii

Tulipa 'Faming parrot' – Tulipa 'Renown' – Viburnum opulus 'Roseum' – Ranunculus – Papaver nudicaule – Syringa x hyacinthiflora 'Maiden's Blush' – Helleborus niger 'Christmas Glory' – Muscari armenicum – Salix – Chaenomelis superba

Sambucus nigra

Helianthus annuus
Size: 108 x 108 cm

Allium schubertii – Campanula medium – Lathyrus latifolius – Verbascum hybrid – Scabiosa caucasica – Nigella damascena – Nicotiana alata – driftwood

Iris atropurpurea 'Ziv' – Xanthorrhoea

Hippeastrum 'Ambiance'

Quercus robur
Size: 60 x 60 cm

Quercus robur (bark) – cowdung – gold leaf – Phalaenopsis – Caladium bicolour
Size: 108 x 108 cm

Fraxinus excelsior
Size: 63 x 63 cm, 2 pieces

Robinia pseudoacacia – wood ashes
Size: 108 x 108 cm

Olea europea

Rheum palmatum – soil – gold leaf
Size: 70 x 70 cm

Sandersonia aurantiaca – Daucus carota

Sambucus nigra

Shells – Agapanthus 'Spaldi' – Cirsium vulgare – Scabiosa
caucasica 'Sternkugel' – Calocephalus brownii – Aralia elata
– Physalis alkekengi – Urtica dioica

Driftwood – Stipa tenuissima – Carex comans
Size: 190 x 120 cm

Miscanthus sinensis – Dahlia hybrid – Craspedia – Delphinium
'Janny arrow' – Symphoricarpos albus 'White pearl' – Viburnum
opulus

Slate – Thunbergia gregorii – Alnus glutinosa (pollen)

Corylus avellana

Freshwater shells – sand
Size: 318 x 318 cm

Galanthus nivalis – Eucalyptus

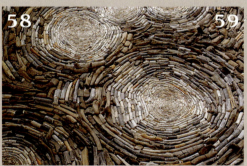

Driftwood
Size: 145 x 125 cm

Platanus x hybrida – Chrysanthemum 'Hanenburg' –
Dahlia 'Bacchus'

Codiaeum var. exellent – Aucuba japonica – Fagus sylvatica

Liquidambar styraciflua

Fagus sylvatica – Nepenthes coccinea – Dendrobium

Various autumn leaves

Tulipa

Zantedeschia 'Black star' – Dahlia 'Snow country' – Rosa
'Schneewittchen' – Cosmos 'Black beauty' – Alcea white –
Eucharis grandiflora – Buddleja davidii – Urtica dioica –
Isatis tinctoria

Anemone coronaria

Kniphofia – Urtica dioica – dry sticks – pigment powder

Scabiosa caucasica 'Staefa' – Rosa cultivars – Agapanthus
'Blue Triumphator' – Agapanthus 'Spaldi' – Craspedia –
Callistephus chinensis – Gerbera 'Siby' – Zinnea elegans –
Crocosmia 'Lucifer' – Eustoma russellianum 'Piccolo apricot'
– Eupatorium purpureum – Carthamus tinctorius – Dahlia –
Calendula officinalis – Anethum graveolens, Nigella
damascena – Cosmos bipinnatus

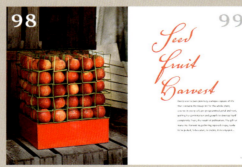

Malus – Xanthorrhoea

Rosa 'Soutine' – Paeonia 'Festiva Maxima' – Paeonia 'Flame' –
Fritillaria persica – Gerbera mini 'Mercury' – Lathyrus
odoratus – Ranunculus 'Vulcano' – Scilla peruviana –
Chrysanthemum – Tulipa 'Jeroen' – Banksia hookeriana –
Spirea nipponica – Prunus cerasifera

66 67

Platanus x hybrida – Chrysanthemum 'Hanenburg' – Dahlia 'Bacchus'

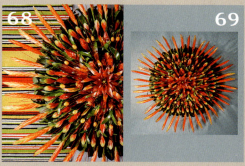

68 69

Guzmania focus – Guzmania jive – Vriesea x poelmanii – Vriesea ssp. fire – Vriesea tiffany – Kumquat

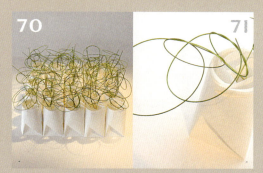

70 71

Xanthorrhoea – paper vase No-Ming

78 79

Zantedeschia – Xerophyllum – various grasses

80 81

Cirsum arvense – Tanacetum vulgare – Matricaria maritima – Pastinaca sativa – Rumex obtusifolius – Mentha 'Jocka' – Agrostemma githago – Vicia hirsute – Brassica napus – Dianthus – Anthurium pink love classic – Calathea 'Golden Rattle' – Vanda 'Blue magic' – Sanguisorba officinalis – Calendula officinalis – Lathyrus latifolius – various grasses

82 83

Colchicum autumnale – Miltonia – Paphiopedilum maudiae 'Colossum Jack' – Cosmea bipinatus – Echeveria – Daucus carota – Celosia cristata 'Bombay Fire' – Gloriosa rothschildiana – Cyrtanthus elatus – Verbena bonariensis – Viburnum opulus – Pragmites

90 91

Tagetes patula – Tagetes erecta

92 93

Gerbera attracta – Alnus glutinosa (pollen) – pigment powder

94 95

Paeonia 'Festiva Maxima' – Sansevieria trifasciata – Rosa 'Soutine' – Hyacinthus orientalis 'Atlantic' – Chrysanthemum – Gerbera mini 'Mercury' – Chrysanthemum – Populus – Tulipa 'Jeroen'

102 103

Chaenomeles speciosa – Calystegia sepium

104 105

Rosa 'Graham Thomas' – Tulipa 'Holland happen' – Helianthus annuus – Calendula officinalis – Tagetes patula – Ipomea tricolor – Hosta sieboldiana – Tropaeoleum majus – Nigella damascena – Alcea rosea – Matricaria – Geum hybrid

106 107

Brassica napus – Carthamus tinctorius (seed)
Size: 110 x 110 cm, 4 pieces

Chrysanthemum varieties

Chrysanthemum varieties

Conifer seed
Size: 142 x 81 cm

Paeonia 'Festiva Maxima' – Paeonia 'Flame' – Fritillaria
persica – Gloriosa rothschildiana – Gerbera mini 'Mercury'
– Lathyrus odoratus – Ranunculus 'Vulcano' – Scilla peruviana
– Chrysanthemum – Tulipa 'Jeroen' – Banksia hookeriana –
Chaenomeles speciosa – Magnolia x soulangiana – Hyacinthus
orientalis – Prunus spinosa – watermelon – honey

Tulipa various – Hippeastrum 'Ambiance' – Hyacinthus
orientalis 'Delft Blue' – Allium 'Purple Sensation' – Ranunculus
'Chocola' – Myosotis sylvatica – Helianthus annuus

Cymbidium 'Arcadian Sunrise', 'Hans', 'Karel', 'Red beauty',
'Felice', 'Bella Donna', 'White giant'

Waterdrinker Aalsmeer
Growing business

The Waterdrinker Group delivers houseplants and garden plants daily to thousands of florists, garden centres, wholesalers and retail traders all over Europe. For these professionals, we are a most interesting site. As market leader we offer an enormous selection of plants that keeps on surprising every time. We are always looking for new varieties, exclusive species and the best quality products. For our customers they were purchased at source, fresh and inexpensive.

Next to a supply source, we are a source of inspiration. A place where we – in close collaboration with arrangers, trend watchers and designers – pass on ideas to our customers for using plants in our surroundings. That is why we like to contribute to this book by Rob Plattel. He opens up innovative perspectives in floral design. He passes on his fascinations for natural materials in an intriguing way. A true source of inspiration! We warmly congratulate and compliment Rob Plattel in this beautiful book that will evoke amazement in every reader.

Ed Waterdrinker
COO Waterdrinker Group
www.waterdrinker.nl

De Waterdrinker Group levert dagelijks kamer- en tuinplanten aan duizenden bloemisten, tuincentra, groothandels en retailketens door heel Europa. Voor deze professionals zijn wij de vindplaats. Als marktleider bieden wij een enorm assortiment planten dat keer op keer verrast. Altijd zijn wij op zoek naar nieuwe variëteiten, exclusieve soorten en de beste kwaliteitsproducten. Voor onze klanten bij de bron gekocht, vers en scherpgeprijsd.

Naast inkoopbron zijn wij een bron van inspiratie. Een plaats waar wij in nauwe samenwerking met arrangeurs, trendwatchers en designers onze klanten ideeën aanreiken voor de toepassing van planten in de leefomgeving. Daarom leveren wij graag onze bijdrage aan dit boek van Rob Plattel. Hij biedt vernieuwende invalshoeken voor de bloemsierkunst. Zijn fascinatie voor natuurlijke materialen brengt hij op een indringende wijze over. Een ware bron van inspiratie! Wij feliciteren en complimenteren Rob Plattel van harte met dit prachtige boek dat verwondering zal oproepen bij elke lezer.

Ed Waterdrinker
COO Waterdrinker Group
www.waterdrinker.nl

dobbeflowers

Dobbeflowers Aalsmeer, a young, reliable and driven organisation with many years' experience and knowledge in the field of cut flowers. We address the exclusive florist with a various range. We are continuously looking for novelties and specialties for our customers. We distinguish ourselves by far-reaching made-to-measure and customer-friendly service.

In our branch we feel very strongly about innovation. That is why we are very proud to contribute to this fantastic initiative.

Patrick Dobbe
www.dobbeflowers.nl

Dobbeflowers Aalsmeer, een jonge, betrouwbare en gedreven organisatie met jarenlange kennis en ervaring op het gebied van snijbloemen. We richten ons op de exclusieve bloemist met een groot assortiment. Voortdurend op zoek naar noviteiten en specialiteiten voor onze klanten. We onderscheiden ons met vergaande service, maatwerk en klantvriendelijkheid.

Vernieuwing in deze branche staat bij ons hoog in het vaandel, we zijn hierdoor zeer trots dat we mochten bijdragen aan dit fantastisch initiatief.

Patrick Dobbe
www.dobbeflowers.nl

This book came about
together with many friends.

Thank you, Chris! Your appreciation of natural light,
your direct approach – "the first shot is the best" – and
your enthusiasm added greatly to the richness of this
book. It was a feast to work with you!

Many of the beautiful materials are of the company
Waterdrinker Aalsmeer and Dobbe Flowers. Ed
Waterdrinker and Patrick Dobbe, thank you very much
for putting flowers and plants at our disposal.
Deliflor chrysanten, So Orchids, Trend-House PPP,
Jeroen van den Hoek and Gerrit Bruine, too, thank you.
Without gardeners, suppliers and other links in the
'green' chain, it would not be possible to work with
these splendid, fresh materials.

Thanks ever so much, Mrs Corrie Koelewijn, Angela Wels
and Emmi for your natural contribution as models.
Also thank you, Ingvill, Chela, Steven, Olivier and Steven
for being who you are, even if you sometimes feel
differently about it at this age.

I want to thank 'Interium' Antwerp, 'Dutch Design Center'
Utrecht, Mark van Kimpen Antwerpen and Saskia
de Jong for the locations and Anke de Jong for the
honest ceramics.

I am grateful to Stichting Kunstboek Publishers,
and especially An Theunynck, for the faith and the
good teamwork. I think it is fantastic that this book
enables me to share my creations and visions with
a broader public.

Coby, you instigated the idea for this book. Thanks
a million for the first move. I hope that many will be
inspired by your way of working.

Also I like to express my gratitude to Faisal Muqqadam,
for re-acquainting me with the gem of essence,
personal creativity.

Evelien, your support, encouragement and help
at appropriate and less appropriate times, was
indispensable. Thank you, love.

This book made a dream come true.

Dit boek is tot stand gekomen
door samenwerking met veel vrienden.

Chris, bedankt! Je waardering voor natuurlijk licht, je
directe aanpak – "de eerste opname is de beste" – en je
enthousiasme hebben bijgedragen aan de rijkdom van dit
boek. Het was een feest om met je te werken!

Veel van de prachtige materialen zijn van de firma
Waterdrinker Aalsmeer en Dobbe Flowers. Ed
Waterdrinker en Patrick Dobbe, hartelijke dank voor het
beschikbaar stellen van bloemen en planten.
Ook dank aan Deliflor chrysanten, So Orchids, Trend-
House PPP, Jeroen van den Hoek en Gerrit Bruine.
Zonder kwekers, leveranciers en andere schakels in
de 'groene' keten zou het onmogelijk zijn met deze
schitterende, verse materialen te werken.

Bedankt, mevrouw Corrie Koelewijn, Angela Wels en
Emmi voor jullie natuurlijke bijdrage als model. Bedankt
ook Ingvill, Chela, Steven, Olivier en Steven voor het zijn
wie je bent, ook al denk je daar op deze leeftijd wellicht af
en toe anders over.

'Interium' Antwerpen, 'Dutch Design Center' Utrecht,
Mark van Kimpen Antwerpen en Saskia de Jong wil ik
bedanken voor de locaties en Anke de Jong voor het
eerlijke aardewerk.

Stichting Kunstboek, An Theunynck in het bijzonder,
ben ik dankbaar voor het vertrouwen en de goede
samenwerking. Ik vind het fantastisch dat ik door middel
van dit boek in staat ben gesteld mijn creaties en visie
met een breder publiek te delen.

Coby, het initiatief voor het boek komt van jou.
Hartelijk dank voor de voorzet. Ik hoop dat er nog velen
geïnspireerd zullen worden door jouw manier van werken.

Dankbaar ben ik ook voor Faisal Muqqadam, om mij
weer in contact te brengen met de parel van essentie,
persoonlijke creativiteit.

Evelien, jouw steun, aanmoediging en hulp op mogelijke
en onmogelijke tijden was onmisbaar. Liefste, bedankt.

Met dit boek is een droom werkelijkheid geworden.

Creations / Creaties
Rob Plattel – Natural Art
Bredestraat 5
NL-4062 PM Zennewijnen
t & f +31 344 65 13 83
rob@naturalart.nl
www.naturalart.nl

Photography / Fotografie
Chris van Koeverden, Buren (NL) – www.koeverden.nl
Kurt Dekeyzer PSG (BE): p. 28-29, 50-51, 54-55, 106-107, 112-113

Preface / Voorwoord
Coby van Otterdijk

Text / Tekst
Rob Plattel
An Theunynck

Final Editing / Eindredactie
Mieke Dumon

Translation / Vertaling
Mieke Dumon

Layout & photogravure / Vormgeving & fotogravure
Graphic Group Van Damme bvba, Oostkamp (BE)

Printed by / Druk
Graphic Group Van Damme bvba, Oostkamp (BE)

Published by / Een uitgave van
Stichting Kunstboek bvba
Legeweg 165
B-8020 Oostkamp
t +32 50 46 19 10
f +32 50 46 19 18
info@stichtingkunstboek.com
www.stichtingkunstboek.com

ISBN10 90-5856-192-5
ISBN13 978-90-5856-192-3
D/2006/6407/21
NUR 421